NOCES D'OR

DE

MONSIEUR & MADAME F. LAURAS

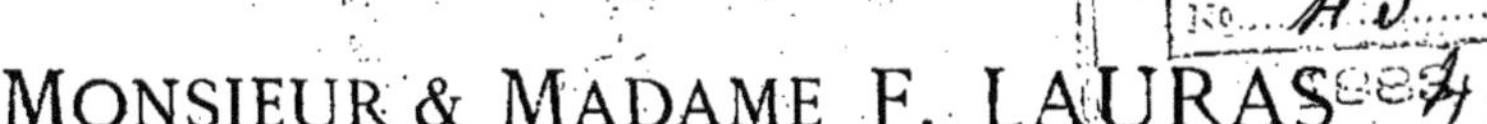

SIROT, Commune de Flagy

(SAÔNE ET-LOIRE)

12, 13, 14, 15 Août 1882

NOCES D'OR

DE

MONSIEUR & MADAME F. LAURAS

SIROT, Commune de Flagy

(SAÔNE-ET-LOIRE)

12, 13, 14, 15 Août 1882

NOCES D'OR

GENEVIÈVE
JOSEPH
XAVIER
ÉLISABETH
PIERRE
MARIE
JEAN
MARIE-THÉRÈSE
RÉGIS
ANDRÉ
PAUL LAURAS
MARIE COSTE
EDMOND LAURAS
MARGUERITE MARIE
FRANÇOIS
HENRI
MARIE
ÉTIENNE LAURAS
LOUISE DE GIVRY
PAUL
JOSEPH
ÉLISE NAU
JEAN
JEANNE-FRANCISQUE BARBOTIN
LOUIS LAURAS
GERMAINE
RENÉ
THÉRÈSE LAURAS
YVONNE LABROUSSE-JEAN
MARIE
MARIE LAURAS
GENEVIÈVE LAURAS
FRÉDÉRIC
LAURAS
AGATHE
CAUBERT
1832 - 1882.

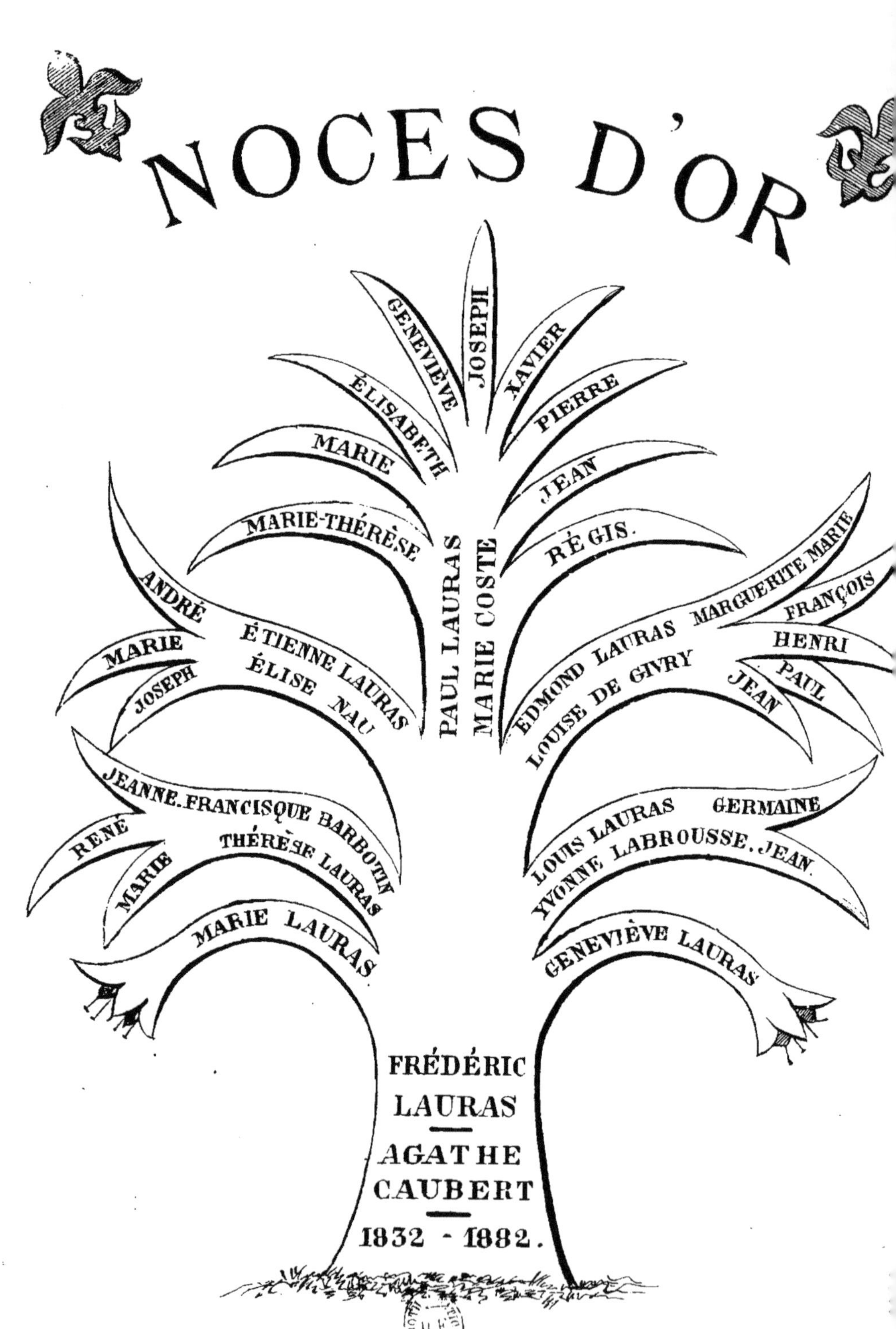

LES NOCES D'OR

A SIROT, COMMUNE DE FLAGY

12 Août 1882

Le cinquantiéme anniversaire du mariage de nos chers parents a été célébré par une messe d'actions de grâces à l'Église de Flagy, le 12 août 1882. Cette fête de famille a imprimé dans le cœur de tous ceux qui y ont pris part des souvenirs que nous aimerons à relire pour les rendre durables.

Dès le jeudi 10 août toute la famille était réunie à Sirot, à l'exception des chers Bretons de Penhoët, que la trop longue distance avait empêchés de se joindre à nous, et de la Religieuse Visitandine retenue par le cloître. Heureux de pouvoir augmenter la joie de cette fête par les agréments de l'hospitalité donnée à la campagne, Paul et Marie, avec l'aide de leurs enfants, s'empressaient d'installer chacun dans l'appartement qui lui avait été préparé sous le vieux toit de Sirot. Les arrivants étaient accueillis par les joyeuses acclamations des premiers venus. Les fatigues du voyage s'oublièrent promptement : abrités sous de beaux ombrages contre les ardeurs d'un soleil qui révèle la proximité du midi, nos regards parcouraient les coteaux du vignoble ou les bois qui le dominent, puis venaient se reposer sur une prairie fraîche et luxuriante, encadrée d'arbres séculaires et animée par les ébats d'un jeune troupeau.

Le vendredi, Edmond, Louis et Yvonne, Étienne, et leurs neveux, Joseph et Xavier, allaient préparer l'ornementation de l'Église paroissiale, tandis qu'à Sirot les enfants, dont quelques-uns se voyaient pour la première fois, faisaient connaissance les uns avec les autres, et prenaient leurs premiers ébats sous les yeux des parents.

Le soir, à la fin du dîner, Paul a chanté quelques couplets inspirés par la circonstance, intitulés : *Les Premières Vêpres de la Cinquantaine.*

Le samedi matin, 12 août, nous arrivions à 7 heures à l'église de Flagy, qui avait été préparée comme aux plus beaux jours de fête. De la voûte du sanctuaire descendaient en courbes gracieuses des guirlandes de verdure rehaussées de bouquets de fleurs, puis se déroulaient tout le long des murs en festons relevés par des couronnes et des pendentifs. L'autel était orné de fleurs et de lumières.

En avant de la table de communion, près de laquelle nous devions bientôt tous nous agenouiller, deux prie-dieu attendaient nos chers parents dont l'arrivée était bientôt après saluée par la voix joyeuse des cloches.

Une nombreuse assistance, dans laquelle on remarquait les vignerons de Sirot, leurs femmes et leurs enfants, remplissait depuis quelque temps l'Église lorsque M. l'abbé Gâcon, curé de Flagy, monta à l'autel pour célébrer la messe d'actions de grâces des noces d'or, qui fut servie par Joseph et Xavier.

Après l'évangile M. l'abbé Vitteault, archiprêtre de Cluny, adressait à l'auditoire une allocution d'un accent véritablement apostolique. Il indiquait les signes par lesquels Dieu marque les familles qu'il prédestine, le sceau de l'épreuve et du sacrifice, rappelait la mort du R. P. Caubert, fusillé par les soldats de la Commune dont il avait été un des otages, rapportait en termes émus et avec une opportunité merveilleuse quelques pensées du bon Père Lauras. Après avoir exprimé les sentiments de reconnaissance envers Dieu que devait inspirer la réunion, il commentait, dans le sens chrétien, le vieux dicton *Noblesse oblige* et retraçait les devoirs imposés aux descendants par les exemples et les leçons de leurs ancêtres.

Mgr Perraud, évêque d'Autun, avait bien voulu, pour cette circonstance, accorder l'autorisation de donner une bénédiction solennelle du Très-Saint-Sacrement pendant laquelle nous avons chanté de tout cœur le *Te Deum* suivi du *Magnificat*. Nous avons quitté l'église profondément émus, tandis que les volées du carillon portaient tout à l'entour l'écho de notre joie.

Le déjeuner auquel prirent place M. l'archiprêtre de Cluny et M. le curé de Flagy, nous réunit tous autour de nos parents dont nous allions porter les santés après avoir entendu de nouveau *Les Premières Vêpres de la Cinquantaine.*

A la fin de la journée une nouvelle réunion se tenait au salon pour la distribution du souvenir que nos parents voulaient offrir à chacun de leurs enfants et petits enfants. Immédiatement après, nous entendions un morceau de piano exécuté par André et sa sœur Marie, puis un chant par André, récitation d'une petite pièce de poésie sur l'*Enfance chrétienne* par Henri, lecture par Elisabeth d'un compliment à grand père et à grand'mère au nom de ses sœurs et cousines : enfin Joseph, au nom de tous les petits enfants, disait un compliment qu'il terminait en demandant la bénédiction de nos parents.

Le dîner de famille vint à son heure. Au dessert, après nous avoir donné à tous et en particulier à Joseph et à Xavier, proclamés les chefs et les guides de la jeunesse présente, les plus précieux conseils, Père nous proposait un toast aux cinquantaines des jeunes ménages. Paul répondit au nom de tous les enfants et petits enfants, puis on porta la santé de grand-père et de grand'mère, la santé du Saint-Père, la santé du Roi. Maman avait envoyé de Paris un panier de vins les meilleurs et les plus vieux, depuis longtemps réservés et mis à part pour la cinquantaine espérée.

Toutes les santés étaient accompagnées de vives explosions de joie, les enfants quittant leurs places chacun à leur tour pour aller trinquer avec leur grand-père et leur grand'mère.

Sur un des panneaux de la salle à manger se dressait l'arbre généalogique de la famille, dessiné par Joseph et Xavier, dont le tronc portant les noms de Père et de Mère, jetait sept branches, avec autant de petits rameaux que de petits enfants, et les noms des enfants et petits enfants inscrits sur chaque branche ou chaque rameau. Les branches représentant nos chères sœurs Geneviève et Marie se terminaient par des lys, symbole de leur consécration à Dieu : dans le bas, les deux dates : Paris, 8 août 1832, — Sirot, 12 août 1882.

Suivant le vieux dicton qu'il n'y a pas de fête sans lendemain, on a repris la fête le dimanche, et le soir le jardin a été illuminé par des lanternes de couleur dont la plus grande partie avait été confectionnée par les enfants, puis on a tiré un feu d'artifice œuvre de Joseph et de Xavier, composé de palmier, cascade, chandelles romaines, feux de Bengale, pot à feu, bouquet, précédé du chiffre de nos parents en flammes de couleur. Vrai succès pour les jeunes artificiers, applaudissements de la part des enfants dans la mémoire desquels cette soirée entourera de son auréole le souvenir des Noces d'Or.

Le mardi 15 août devait joindre à la célébration de la solennité de l'Assomption la fête de Marie-Paul. — L'église était restée ornée de ses guirlandes, de ses couronnes et de ses bouquets de fleurs. Pierre, Jean (de Sirot), Henri et André en costumes d'enfants de chœur servirent la grand'messe ; ils assistèrent à la procession du vœu de Louis XIII que nous suivîmes par les rues et chemins de Flagy. Ensuite toute l'assistance s'est réunie à Sirot pour offrir à Marie-Paul des fleurs et des souhaits de fête. Chacun de ses enfants, porteur d'un bouquet, tour à tour depuis Marie-Thérèse jusqu'à Joseph, vint lire un compliment de sa composition. Les souhaits achevés on passait à la table du dîner. Au dessert Paul proposa de porter la santé de toutes les mères de familles présentes, celle de grand'mère d'abord, puis celle des quatre jeunes mères et il terminait en buvant au bonheur des mères procuré par les vertus de leurs enfants.

Les journées qui suivirent s'écoulèrent trop rapidement au gré de tous et furent remplies par des jeux où les parents se mêlèrent aux enfants; enlèvement d'un ballon, soirées de musique, de comédie, de fantasmagorie, enfin promenade dans la forêt de Cluny.

La réunion de famille présentait une occasion qui n'a pas été manquée de reproduire par la photographie les traits de chacun dans son groupe et de tous dans un ensemble. La tâche a été remplie par Joseph, Xavier et Pierre, qui débutaient dans la pratique de la photographie.

Il fallut se séparer, hélas ! Mais le souvenir de ces heureuses journées est resté profondément gravé dans nos cœurs; on remerciait Dieu de ces heures de joie si pures et si vraies; nous lui demandons d'en féconder le souvenir, de nous accorder le bonheur de les renouveler : tous nous nous sommes dit avec un accent profondément ému : adieu, et au revoir!

Musique pour les Couplets.

LES PREMIÈRES VÊPRES

DE LA CINQUANTAINE

Mes chers Parents, l'anniversaire
Qui fait accourir vos enfants,
Pour nous tous fête légendaire,
Émeut nos cœurs, dicte nos chants.
De votre longue carrière,
Le souvenir au cœur présent,
Demain votre famille entière
Remerciera le Tout-Puissant.

Vous nous avez appris à croire,
Fidèles à la loi de Dieu,
A ne rechercher d'autre gloire,
A ne former point d'autre vœu,
Que d'imiter de votre vie
Le salutaire enseignement.
Demain votre famille unie
Remerciera le Tout-Puissant.

Pour donner à vos fils la preuve
De votre ardente foi, faut-il
Accepter, en pleurant, l'épreuve
Et de l'absence et de l'exil,

La Belgique hospitalière
Leur donnera l'enseignement,
En souvenir notre prière
Remerciera le Tout-Puissant.

De vos chers Enfants l'assemblée
N'est pas plénière, hélas deux sœurs
A la famille désolée
Rappellent ses grandes douleurs.
Ont-elles donc été choisies
Entre tous vos nombreux Enfants,
Pour, du Ciel, avec nous unies,
Remercier le Tout-Puissant !

En vous donnant quatre autres filles,
Dieu voulut bénir nos liens,
Pour fonder encor des familles
De nombreux et vaillants chrétiens.
Ames fortes et généreuses,
Mères de vos Petits-Enfants,
Vous les verrez toutes pieuses
Remercier le Tout-Puissant.

De ces Rameaux, que Dieu féconde,
Sortent de nombreux Rejetons.
Ils sauront être dans ce monde
De vos vieillesses les bâtons.
Par nous ils savent la prière
Que dicte un cœur reconnaissant,
Pour, au jour de l'anniversaire,
Remercier le Tout-Puissant.

Il est une autre cinquantaine
Qu'ici nous voulons célébrer,
La vôtre à la nôtre s'enchaîne,
Chère Tante (1), et, pour vous chanter,
Nous vous appelons à la fête.
Vos exemples de cinquante ans,
Marchant toujours à notre tête,
Nous font bénir le Tout-Puissant.

(1) Tante et grande tante Jenny.

II

COMPLIMENTS

A GRAND PÈRE ET A GRAND'MÈRE

—

COMPLIMENT D'ÉLISABETH

Je viens aujourd'hui au nom de toutes mes cousines et de mes deux sœurs vous témoigner notre amour, notre respect et notre reconnaissance.

Je n'oublie pas que je tiens la place de Geneviève, mais c'est un ange au Ciel, et si elle ne peut pas vous parler elle prie pour vous bien mieux que nous ne pouvons le faire. Si le grand éloignement n'avait pas privé Jeanne de prendre part à cette fête elle serait avec nous pour vous dire nos vœux et nos prières.

J'avais le cœur bien gros quand je pensais que la fête de votre cinquantaine devait se faire sans nous à Paris, mais nous avons éprouvé une grande joie lorsqu'on nous a annoncé que vous veniez fêter vos noces d'or à Sirot.

Ce matin nous avons remercié Dieu de tout notre cœur des grâces qu'il vous a accordées à vous, à vos enfants et petits enfants.

Nous vous souhaitons de vivre encore long-temps ; nous vous promettons d'être des filles pieuses, obéissantes, laborieuses et de demeurer toujours fidèles à vos exemples.

Nous n'oublierons jamais la bénédiction que vous nous donnerez en ce grand jour.

COMPLIMENT DE JOSEPH

Mon cher Grand-Père, ma chère Grand'Mère,

C'est pour vos petits fils non seulement un devoir, mais encore un besoin et un bonheur de vous exprimer les sentiments d'amour et de reconnaissance qui débordent de leurs cœurs. Et vous tante bien-aimée qui avez été pour nos Pères une seconde mère, pour nous une seconde

Grand'Mère, agréez aujourd'hui nos vœux et les accents de notre reconnaissance.

Grand-Père et Grand'Mère, il y a quelques jours j'étais vivement frappé de ces paroles inspirées au Roi prophète et qui s'appliquent si bien à vous : « La fécondité d'une épouse, la multitude des enfants et une longue vie sont les effets de la bénédiction de Dieu. » Une famille où règne la crainte de Dieu, cette longue vie et cette nombreuse postérité sont en ce monde la récompense de vos vertus en attendant celle que Dieu vous réserve dans le Ciel. Le psalmiste ajoute : « Ton épouse sera féconde comme la vigne appuyée contre le mur de ta maison, tes fils seront comme de jeunes plants d'olivier autour de ta table ; vous verrez les fils de vos fils et la paix régnant sur Israël.[1] » La paix sur Israël, c'est-à-dire sur la France, vous ne l'avez pas vue : mais vous avez commencé le combat, vous nous avez mis au jour pour prendre vos places, nous combattrons comme vous et avec l'aide de Dieu nous remporterons la victoire.

Votre vie, qu'il serait trop long de raconter

---

(1) *Filii tui sicut novellæ olivarum in circuitu mensæ tuæ. Ecce sic benedicetur homo qui timet Dominum* (Ps. 127).

aujourd'hui, vos enseignements, peuvent se résumer dans ces paroles d'Henri IV à ses soldats, sur le champ de bataille d'Ivry, « Ne perdez point de vue mon panache blanc, vous le trouverez toujours au chemin de l'honneur et de la gloire. » Vous n'avez pas à nous montrer le panache blanc d'Henri IV, mais vous avez porté pendant cinquante ans un drapeau immaculé de toutes souillures, un drapeau sur lequel il est écrit comme sur les vieux écussons : Pour Dieu, pour le Roi et pour la France. Ce drapeau ennobli par le sang d'un martyr, nous sommes fiers de le recevoir de vos mains et nous le garderons intact tant qu'il restera dans nos poitrines un souffle de vie, dans nos veines une goutte de votre sang. Pour nous aider à tenir cette promesse et à former un jour sur vos têtes une couronne de gloire, pour vous faire reconnaître alors vos petits fils porteurs du signe dont vous les aurez marqués, dignes de Dieu et dignes de vous, nous vous demandons de nous donner, comme autrefois les patriarches, votre bénédiction.

III

LES TOASTS

————

TOAST DE GRAND-PÈRE

Mes chers enfants et petits enfants !

J'ai un toast à vous proposer, mais je tiens d'abord à vous l'expliquer.

La célébration du cinquantième anniversaire du mariage de vos grands parents reporte vos pensées et les nôtres vers un passé qui n'est plus, sur un présent que Dieu nous donne et qui fuit en même temps qu'il apparaît pour aller rejoindre le passé, vers un avenir dont Dieu est le maître, plein de souhaits pour ceux que l'on aime.

Or ce passé, ce présent, cet avenir ont leurs leçons et leurs enseignements.

Dans le passé votre Mère et moi nous remercions Dieu des modèles qu'il nous a donnés. Je vous rappellerai donc ces grands parents qui ne sont plus, que les anciens d'entre vous ont connus et dont le souvenir domine tous les autres : ma Mère qui a passé sa vie à se sacrifier, à offrir à Dieu ses peines, ses travaux pour bien assurer dans les âmes de ses enfants la foi, le plus précieux des dons du Ciel.

Nous rappelons à vos souvenirs : le R. P. Lauras, votre oncle et grand-oncle, qui a été un des maîtres de la vieille génération des petits enfants, qui vous aimait tous si tendrement, qui a donné le baptême à quelques-uns, qui a béni plus d'une fois parmi vous des commencements de cinquantaines, qui nous faisait espérer ses bénédictions pour celle d'aujourd'hui; la Sœur Lauras, fille de Saint-Vincent de Paul, votre tante et grande tante, qui fut si puissante par la douceur, cette grande et forte douceur à laquelle Dieu a donné la possession de la terre, puissance créée par le Christianisme.

Mme Colombel, Amélie, qui fut un modèle de douceur et de résignation dans ses épreuves et qui nous a laissé un si profond souvenir de ses vertus.

Que vos souvenirs ne manquent pas à nos filles, à vos sœurs, à vos tantes que vous avez perdues; à Thérèse la jeune Mère qui à peine a pu voir grandir ses trois enfants et qui a laissé une si triste solitude à Penhoët; à Marie la religieuse du Sacré-Cœur qui, sur le bord de

la tombe, n'eut pas le temps de faire les vœux
dont ses vertus et ses grandes qualités l'avaient
fait juger capable et digne.

Au nom de votre grand'mère, je vous rappelle
votre vénérable Grand-père, M. Caubert, que les
aînés d'entre vous ont connu, qui a été le
modèle achevé du dévouement dans l'accom-
plissement de tous les devoirs, qui m'a donné
la compagne que nous entourons tous de nos
tendresses et de nos respectueux hommages.

N'oublions pas le Père Caubert votre oncle
et grand-oncle, le doux et simple martyr qui a
laissé à nos pardons et à nos prières ceux que
la République a amnistiés par peur ; — donnons
hommage et souvenir à vos oncles, Eugène le
vaillant soldat d'Afrique et de Crimée, Henri
dont le nom rappelle tant de qualités aimables
et d'espérances déçues. Nous vous présentons
les souvenirs attachés à ce jour pour qu'ils
soient désormais impérissables dans vos cœurs.
Imitons ces modèles.

Je me fais votre interprète en mêlant, aux
joies du présent, le plaisir de saluer votre tante
Jenny qui nous rend vivant le souvenir de
votre arrière-grand'mère en même temps qu'elle
continue l'œuvre de sa création dans les soins
donnés à l'Association des Jeunes Économes.

Le présent, en ce jour, vous nous le faites glorieux dans le sens chrétien, mes chers fils Paul, Edmond, Louis, Étienne, mes chères filles vos compagnes, Marie, Louise, Yvonne, Élise; votre Père et votre Mère ne peuvent que se glorifier de la piété avec laquelle ce matin vous étiez unis à nous, confondant vos prières et vos actions de grâces, avec les nôtres. Dieu sait qu'en ce moment nos cœurs se tournent à Moulins vers la Supérieure de la Visitation qui, ce matin, a prié pour nous avec les religieuses ses filles. Nos cœurs se portent aussi vers Penhoët avec une tendre affection mêlée de grands regrets, là aussi, on a prié avec nous. Exprimons enfin notre reconnaissance et donnons un salut aux hôtes de Sirot, à Paul le vaillant père de famille ayant pour premier souci celui de faire de ses fils de grands chrétiens, à Marie, la femme non moins vaillante et forte qui nous donne l'hospitalité.

Pour l'avenir, mes chers enfants, mes fils, mes filles, mes petits-fils, mes petites-filles, je le salue avec les douces espérances que vous me donnez et que je confie à Dieu. Laissez-moi vous dire à quelles conditions vous les réaliserez, quels seront, quels doivent être vos modèles et vos guides dans la rude carrière de la vie : ici, je m'adresse aux aînés. Écoutez-moi, Joseph et

Xavier, vous êtes par l'âge les chefs du troupeau. Soyez-le prématurément par la sagesse, par l'autorité, par la fermeté du caractère. Je demande à Dieu qu'il vous accorde ces dons comme fruits de la solennité de ce jour. Soyez dès à présent des hommes résolus à aider votre Père et votre Mère, vos oncles et vos tantes dans la tâche qui leur est imposée ; vous les y aiderez en donnant à tous les grands exemples. Je dis aux plus jeunes, vous suivrez les exemples de vos aînés. Voilà les conditions auxquelles seront réalisées nos espérances ; tous, vous les réaliserez. Avec la permission de votre Père et de votre Mère, je vous proclame donc aujourd'hui, Joseph et Xavier, les chefs et les guides non seulement de vos puinés de Sirot, Pierre, Jean, Régis, mais de René de Bretagne, de Henri, François, Jean d'Orléans, de Jean de Rouen, et d'André de Paris. N'oubliez pas que vous recevez aujourd'hui de votre Père et de votre Mère, par la bouche de vos grands parents, en présence de vos Oncles et de vos Tantes, une mission qui est le fondement de nos espérances pour l'avenir ; soyez des chefs que l'on suive toujours.

Voilà, mes chers enfants, ce que j'avais à vous dire dans ce jour d'actions de grâces, de prières et de souhaits. Mon cœur chargé de souvenirs, de regrets et plein d'espérances, avait besoin de s'épancher en votre présence, en ces moments qui s'écoulent entre nous, dans ce petit coin de terre où votre aîné nous a appelés. Le toast que je vous dois, je le porterai quand je vous aurai appris que votre Grand'Mère vous a réservé depuis longtemps, certaines économies de vins que nous croyons encore très bons. Quelques-uns même, ayant plus que la cinquantaine, par un privilège qui leur est propre, ont gagné en vieillissant.

Il y a plaisir, en effet, d'offrir de bons vins à ses convives. Votre grand'père peut vous le dire avec Horace, invitant à souper son ami Virgile :

« *Adduxere sitim tempora Virgili* » (¹).

Traduction libre pour vos mères et vos sœurs : Il fait chaud, buvons (comme aujourd'hui).

Notre vin n'aurait-il pas comme celui d'Horace, la vertu de faire naître de nouvelles espérances.

Spes donare novas largus.

Égayons-nous donc en ce jour, avec nos espérances car nous pouvons nous livrer honnêtement à notre gaîté qui, pour être expansive,

______

(¹). Ode X, livre 4.

sera sans remords, et dire avec un peu plus de sérieux que l'Amphytrion de Virgile :

Dulce est desipere in loco.

Encore traduction et celle là très libre :

S'égayer en ce jour est permis et peut plaire,
Enfants, petits enfants, votre père et grand'père
Vous confiant ses souvenirs
Boit à vos cinquantaines

qu'il ne verra pas, mais qu'il salue de ses vœux !

TOAST DE PAUL

Mon vénéré Père, ma Mère bien-aimée,

Dans la série des années que j'ai traversées et qui nous l'espérons, arriveront bientôt à la cinquantaine, cette journée restera marquée comme une des plus heureuses.

Rarement j'ai goûté un bonheur plus pur et plus profond que celui dont Dieu nous comble aujourd'hui. Il nous a permis de réunir autour de vous vos enfants et vos petits-enfants en leur facilitant la libre expansion de leur joie, de leur amour, de leur reconnaissance, et je me trouve en ce moment chargé d'être l'interprète des sentiments et des remerciements de tous.

Trois mots viennent de résumer votre œuvre de cinquante ans :

Les leçons et les souvenirs du passé;

Les devoirs du présent;

Les espérances de l'avenir.

Dans cette chaîne qui relie au passé et au présent vos enfants, à l'avenir vos petits-enfants, vous avez été l'anneau béni par Dieu, unissant vos deux âmes, pour nous transmettre les leçons de nos ancêtres, pour nous expliquer les devoirs auxquels nous obligent et le nom que vous nous avez donné, et le sang des saints que vous avez fait couler dans nos veines.

Lorsque notre chère et vénérée Grand'Mère Lauras, celle que les aînés de vos petits-enfants ont connue et qu'ils appelaient Grand'Mémère, fit devant Dieu le sacrifice de sa fortune afin d'obtenir pour ses enfants l'enseignement de la foi et des vertus chrétiennes, Dieu lui fit bonne mesure dans le sacrifice qui fut complet, puisqu'elle dut se soumettre au travail pour achever l'éducation de ses enfants :

Bonne mesure dans la récompense lorsqu'il lui donnait pour fils aîné ce Père, ce Grand-Père que nous fêtons aujourd'hui, dont la jeunesse fut dirigée par les conseils, honorée par l'amitié des illustres évêques Mgr Borderies, Mgr de Quélen, Mgr Dupanloup, Son Éminence le Cardinal Mathieu. Ses vertus patriarcales et fécondes transmettront à la seconde, à la troisième, et suivant le vœu de l'Eglise à une quatrième génération (¹), ce trésor, cet héritage de bénédictions, de vie chrétienne que notre Grand' Mère avait acheté pour sa race :

Générosité dans la récompense lorsqu'il lui donnait comme Benjamin de la famille ce bon P. Lauras, l'Oncle et Grand-Oncle vénéré, auquel nous devons en grande part le bienfait de l'éducation que nous avons reçue, et qui nous a faits ce que nous sommes; le Grand-Oncle qui, plus tard, reprenait la même œuvre pour ses petits-neveux; qui, pour nous encourager, racontait si volontiers que, longtemps après l'âge, il était resté jeune et enfant, préservé des périls de la jeunesse par la crainte de faire de la peine à sa sainte mère; le cher Oncle que Dieu se réservait pour en faire un de ses prêtres les plus aimables, un des compagnons de Jésus les plus simplement disposés à accepter tous les sacrifices.

La générosité dans la récompense s'était en-

(¹) Oraison de la messe du mariage.

core manifestée quand Dieu donna à votre arrière Grand'Mère, avant le P. Lauras, Sœur Lauras, le modèle de la douceur et de l'énergie dans le dévouement, et cette chère Tante Jenny, dont je ne veux pas faire l'éloge, afin de ne pas blesser sa modestie, surtout en parlant de l'œuvre des Jeunes Économes, mais qui se montre si bonne pour tous vos petits enfants qu'ils la considèrent comme une seconde Grand'Mère.

Mon Père, ma Mère,

Nous n'oublierons jamais les leçons que vous nous avez transmises au nom de notre aïeule vénérée, leçons de sacrifices, véritables secrets de l'éducation des enfants.

Vous avez encore été les intermédiaires entre nous et le bon Grand-Père Caubert, qui sut reconnaître le compagnon que Dieu destinait à sa fille unique et bien-aimée, dont le souvenir et le nom facilitèrent les débuts de ma carrière, dont la race est à jamais honorée par notre oncle et grand-oncle le P. Caubert, que Dieu devait revêtir de la pourpre des martyrs.

Toutes ces leçons du passé nous inspirent une affectueuse et profonde reconnaissance, en même temps que leur action fortifiante nous fait mieux comprendre les devoirs du présent. Aussi prenons-nous envers vous de nouveau, en notre nom, au nom de nos enfants, l'engagement solennel de demeurer, quoi qu'il arrive, quelles que soient les difficultés et les épreuves, de demeurer toujours les dignes représentants de votre nom, les fidèles observateurs des le-çons que vous nous avez données.

Les espérances de l'avenir, elles sont représentées par ces vingt-deux petits-enfants, rejetons de votre race : les trois chers Bretons absents, les seize ici présents, les trois petits anges que Dieu a appelés à lui comme prémices et comme gages des bénédictions qu'il répandrait sur votre postérité.

Vous nous avez appris, nous apprenons à notre tour à nos enfants à rester fidèles, dévoués, résolument, généreusement dévoués à l'Église, patrie de nos âmes, à la France, patrie terrestre de nos familles. Tous ensemble nous vivrons, nous travaillerons, nous souffrirons, s'il le faut, les épreuves et les sacrifices pour remplir ces devoirs que vous nous avez enseignés.

Avant de porter encore une fois votre santé, il me reste à exprimer un vœu, c'est de voir se renouveler cette réunion, source pour nous tous de tant de bonheur, de la voir se renouveler souvent, surtout de la voir se renouveler lorsque dans cinq ans nous célébrerons, si Dieu le permet, nos Noces d'argent.

Ce vœu me ramène naturellement à vous souhaiter une santé heureuse. Nous y joindrons, pour compléter l'expression des sentiments que vous nous avez inspirés, la santé du Roi que la France attend, la santé de notre grand et glorieux Pontife, N. S.-P. le Pape Léon XIII.

Donc, à la santé de Grand-Père et de Grand' Mère, à la santé du Roi, à la santé du Saint-Père.

IV

15 AOUT 1882

FÊTE DE Mme PAUL LAURAS

TOAST DE PAUL.

Mes chers parents, mes chers amis,

Vous n'attendez pas de moi que j'adresse un compliment à ma chère Marie dont nous célébrons aujourd'hui la fête: ce serait tout à fait déplacé.

Une femme n'attend pas de compliments de son mari, elle n'éprouve pas d'autre désir que de le savoir content d'elle, content de son œuvre. Et lorsqu'on a le bonheur d'avoir trouvé une femme dès longtemps préparée par Dieu pour être la compagne de notre vie, on n'a que deux choses à faire : apprendre à ses enfants à respecter, aimer, vénérer leur Mère, puis remercier Dieu chaque jour de nous avoir préparé un trésor mille fois plus précieux que toutes les richesses de la terre.

Mais il m'a semblé que je devais vous proposer aujourd'hui de porter la santé des mères de famille ici présentes. C'est, en effet, aujourd'hui, la fête de la maternité.

Dans les litanies que nous chantions tout à l'heure en traversant avec la procession les rues de notre village, le premier titre que l'Église donne à Marie c'est celui de Mère de Dieu, et hier l'Évangile de la vigile de la fête nous rappelait qu'elle avait été constituée la mère du genre humain (1); c'est donc bien aujourd'hui la fête de la maternité et, par conséquent, la fête des mères de famille.

Je vous propose donc de boire d'abord à la

______

(1) *Deinde dicit discipulo : Ecce Mater tua* (St-Jean, ch. 19).

santé de la chère Grand'Mère, qui est ici par excellence la Mère de famille, afin que longtemps, encore elle dirige des conseils de son expérience, de son affection les mères plus jeunes.

Ne vous étonnez pas, chers enfants, si je parle de direction à donner à vos mères, on apprend à tout âge, et j'ajoute pour vous que l'on n'apprend rien sans peine, que ce que l'on a appris avec peine peut seul profiter; il n'y a que ce qui coûte de la peine qui vaille véritablement quelque chose.

Maintenant, je souhaite aux quatre jeunes mères la santé d'abord si nécessaire pour leur permettre d'accomplir les labeurs de leur tâche. Je leur souhaite ensuite de mettre à profit les leçons bénies de notre chère Mère, de l'imiter et de faire aussi bien qu'elle.

Je demande à Dieu de vous assister dans ce grand travail de l'éducation pour lequel vous êtes associées à la grande œuvre du Créateur, afin de pouvoir faire de vos enfants des hommes et des femmes suivant le cœur de Dieu. Je souhaite que vous puissiez, longtemps unies ensemble, comme quatre bonnes sœurs, goûter ensemble les glorieuses joies de la maternité et vivre toujours fières de vos fils et de vos filles.

Je résume tous ces vœux en vous proposant de boire à la santé de la Grand'Mère, à la santé des quatre mères ses filles, je bois enfin au Bonheur des mères procuré par les vertus de leurs enfants, au vrai bonheur des mères de famille.

IMPRIMERIE CHAIX, 20. RUE BERGÈRE, PARIS. — 18581-3.

93

www.ingramcontent.com/pod-product-compliance
Ingram Content Group UK Ltd.
Pitfield, Milton Keynes, MK11 3LW, UK
UKHW020047100726
13658UKWH00004B/1591